JN120969

# 五八年後の原爆

## 少女が見たあの日の河原

語り 花垣ルミ　絵 鶴岡たか

日本機関紙出版センター

# はじめに

一九四五年八月六日、朝八時一五分、アメリカが広島に原子爆弾*を落としました。広島に疎開《そかい》*していた私は家族と一緒に必死で河原まで逃げました。そこで目にしたのはたくさんの人が木の上で燃やされている光景でした。その場で意識を失い気がついた時には記憶がなく、思い出したのは五八年も経ってからでした。

*原子爆弾（原爆）　ウランを用いた核爆弾。一瞬で広島の街が破壊され大勢の人たちが死亡した。リトルボーイと呼ばれた。

*疎開　都市の空襲を逃れて親戚を頼って田舎に避難すること。小学校が集団で地方の寺などへ疎開することも多かった。

もくじ　五八年後の原爆　～少女が見たあの日の河原～

# 第一章　横浜の生活

## ホールにごちそう

広島に疎開する前、私は横浜で父の勤める銀行の官舎《かんしゃ》*に住んでいました。そこには一階に大きなホールがありました。普段からホールには近づかないように言われていたのですが、にぎやかな声が聞こえるので廊下からそっと中をのぞきました。ホールの中では、ヒラヒラのフリルがついた白いエプロンをした女の人たちが忙しそうに飲み物や料理を運んでいました。テーブルには葉や房がついたままのパイナップルが置かれていました。大きなパイナップルを見たのは初めてでした。おいしそうな食べ物が並んでいました。奥を見ると、ひげをはやし肩にキラキラ光る飾りをつけた男の人たちが飲んだり食べたりしながら話していました。

# 第一章　横浜の生活

「アッ！　おとうさ・・・」

「こちらにいらっしゃい」突然、母に引っ張られました。

「おとうさんは何をしているの」

「大事なお話をしているのよ。勝手にホールに行ってはいけません」

「あのおひげの人たちはだれなの」

「軍隊の偉い人たちよ。どうやって、戦争に勝つのか相談しているの」

その時、母が話してくれたことの意味はわかりませんでした。その頃、日本はアメリカなど外国と戦争をしていました。* 次々にアメリカの飛行機が飛んできて爆弾を落とす空襲が多くなってきました。B29と呼ばれた戦闘機が街を攻撃し、たくさんの人たちが亡くなり、家は焼かれ街が焼け野原になってしまいました。

*官舎　国や自治体が公務員を住まわせるために建てた住宅。中には民間の建物もある。

*第二次世界大戦　一九三九年～一九四五年、日本はドイツ、イタリアと共にアメリカ、イギリス、ソビエト連邦、中華民国やその他大勢の国と戦争をしていた。

## 広島に疎開

空襲が激しくなる前、母と私は母の故郷の広島に疎開することになりました。その頃は一枚の切符を買うのに三日間もかかったらしいのですが、広島への切符は父が手配してすぐ出発することができました。父は日本が占領していた台湾の銀行にひとりで行くことになりました。

真っ黒な蒸気機関車は石炭を燃やし先頭の煙突からモクモクと煙をはいて走っていました。

「トンネルだ〜」バタバタバタバタ、バタバタ、バタバタ…

列車の窓が一斉に下ろされました。閉め遅れた窓からたくさん煙が入ってきました。ススで顔や鼻の穴まで真っ黒になった人たちは次の駅で顔を洗ってうがいをしていました。私たちは閉まった窓の近くにいて煙を吸わずにすみました。母はお腹に赤ちゃんがいたので疲れたのか眠っていました。私は母が作ってくれた人形のタエちゃんを抱いて外を見ていました。

朝早く横浜を出てから長い時間がたち、昼をとうに過ぎていたのではないかと思います。途中、大阪駅で降りました。戦争が終われば住む予定の家が石切という所にあったので母が見に行きました。*私は荷物と一緒に駅に残されて心細くお腹もすいていました。その時、駅員のおじさんがお菓子をもってきてくれました。母が見守りを頼んでくれていたのだと思います。エンゼルマークのついたビスケットが三枚、とてもおいしかったです。しばらくすると、やっと母が戻ってきました。それからまた汽車に乗り込みました。

広島の家には祖母と叔母が住んでいました。家は赤いレンガの洋風で木製の格子窓が外に開き絵本に出てくるような感じでした。家の近くには幼稚園があり海も見えました。一〇月には弟が生まれ、広島は空襲がなかったのでしばらくのんびり暮らしました。

＊戦後、母が石切の家を訪ねたことがありましたが他人の表札がかかっていたそうです。戦争で役所の土地台帳などが焼けてしまい、土地の持ち主が分からなくなってしまうことが多かった時代でした。母はその家の人に何も言わないで帰ってきたそうです。

# 第二章　原爆が落ちた

## 何が起きたの

一九四五年八月六日、早朝に空襲警報がけたたましく鳴り響き、急いで防空壕《ぼうくうごう》*に逃げました。しばらくして解除《かいじょ》されたので、私と祖母は二階に上がっていました。母は洗濯物を干している時でした。

ピカッ

目がくらむ光が飛び込んできました。

ドドドーン

# 第二章　原爆が落ちた

一瞬で家が持ち上がり、ものすごい勢いの風で祖母はベッドごと窓際に飛ばされました。私は窓にたたきつけられタンスにはさまれました。何とか起き上がり窓にぶら下がって下を見ると、母が弟をおんぶしたまま倒れていました。こちらを見上げて「ルミー、ルミー」と叫んでいます。庭の大きな木が傾いていました。あちこちで火の手があがり向かいの幼稚園は真っ赤に燃えていました。何が起きたのか分かりません。

＊防空壕　空襲の時に避難する地中に作られた穴。家の庭に作られたものも多かった。

## 逃げる

叔母がどこからかリヤカーを見つけてきました。「急いで」という母に手を引かれ、リヤカーに祖母を乗せて必死で逃げました。普段は小さな家が建てられていると思っていましたが、逃げる途中でそれが鶏小屋《にわとりごや》だと分かりました。小屋が吹き飛んで、羽が焼かれた鶏が走り回り、黒焦げになってしまった鶏や炭のようになった鶏の爪も見えました。道ばたではひとりのおじいさんが目を閉じたまま倒れ、生き残った鶏がおじいさんの足を突っついていました。母が「シッ、シッ」と棒きれで追い払いました。普段の母はそんな手荒いことをしないのでビックリしました。焼け焦げた道路では猫が万歳をしたような格好で、犬は鎖でつながれたまま真っ黒になっていました。

途中、道ばたに女の人が座り込んでいました。着ていた服は破れ、頭がぐったりした赤ちゃんを抱いていました。母が「逃げましょう」と手を差し出しましたが、その人は下の方を指さして「あの下に三つの子どもが…」と弱々しい声で答えました。母はとても辛《つら》そうでしたがその人を残したまま私の手を引いて逃げました。

母に引きずられながら、黒く焼け焦げた地面ばかりが見えました。人形がジクジク燃えていました。*「アッ、タエちゃん」人形のタエちゃんを家に置いてきてしまったのです。あちこちで水道管が破裂して水が吹き出していました。

しばらく走ると燃えている竹藪《たけやぶ》が見えてきました。カーン、カーン、カーンと大きな音がして火がついた竹の葉がワーッと落ちてきました。山へ逃げようとしたら履《は》いていた下駄《げた》の鼻緒《はなお》が切れてしまいました。地面が熱くて歩くことが出来ないので、母が道路に焼け残っていた下駄《げた》から鼻緒《はなお》を破ってつけてくれました。逃げ込んだ山は比治山《ひじやま》と思っていましたが後で三滝山《みたきやま》と聞きました。横浜から来た私にはどこかよく分からなかったのです。

リヤカーから降ろされた祖母が私の顔を見て「ワアー」と泣き出しました。顔中に血がベットリついていたからです。爆風で窓にたたきつけられた時、タンスの金具が突き刺さってケガをしていたのです。でも痛みは感じませんでした。母がハッとして「ユタカがかわいそう」とおぶっていた弟を急いで背中からおろしました。弟は朝からずっとおんぶされたままだったのです。

弟はオムツも替えてもらえず、おっぱいも飲ませてもらえず、股にはおんぶひもの跡が食い込んでいました。オムツをめくると皮膚がズルッとめくれて黄色い汁のようなものが出てきました。生まれて九ヶ月の弟は小さな体をキューッと縮めてうめきました。赤ちゃんなのに泣かなかったのです。母がエプロンを裂《さ》いて

# 第二章　原爆が落ちた

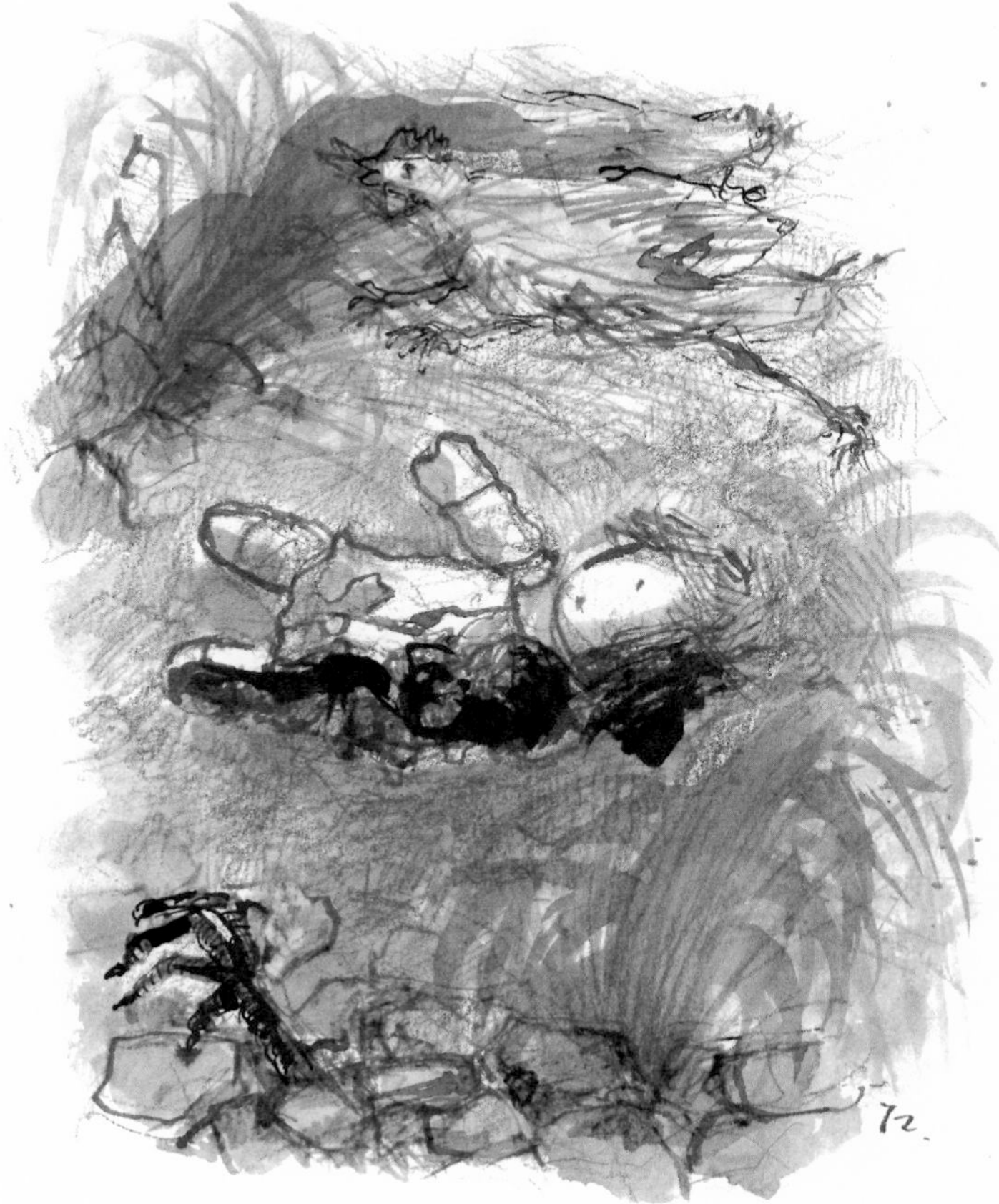

オムツにしました。弟は目を白黒させて必死でおっぱいに吸いつきました。でも口でピューッと乳首を引っ張っても出ません。朝から何も食べていないので母のおっぱいはペシャンコでした。何か食べさせなければ弟が死んでしまうと慌てた母がおにぎりを口で噛《か》んでつぶし食べさせました。この頃、弟はまだおっぱい以外のものを口にしたことがなかったと思います。その時、おにぎりがあったのは、救援《きゅうえん》の人達が運んでくれていたのだと思います。

＊人形がジクジク燃えるのは中に米の籾殻（もみがら）が入っていたから。当時は母親が手作りした人形が多かった。

## 見ちゃダメ

「くさい」

河原で眠っていた時、とても嫌な臭いで目を覚ましました。土手で積み重なった木が燃えていました。ボーッと見ていたら、木の上にタイヤのチューブのように膨《ふく》らんでいるものが見えました。「見ちゃダメ」母が私の目を塞《ふさ》ぎました。そして母に抱きしめられた時、気を失ってしまいました。しばらくして気がつきましたがその時のことは忘れていました。

家は原爆が落ちた所から少し離れていたので燃えないで残っていました。家に帰ってからは食べるものがなく栄養がとれない祖母が弱ってきてずっと寝ていました。次第にお尻や背中に穴があいて腐ってきました。その傷にハエがたかり白いウジ虫がいっぱいわきました。ウジ虫はとても嫌な臭いがして気持ちが悪く、ゾッとしました。母と叔母が祖母の傷口にビッシリ張り付いたウジ虫を竹のピンセットで一匹一匹とりました。母が「ごめんね」「ごめんね」と言いながらウジ虫をとるたびに、「痛いよー、痛いよー、やめてーやー、やめてーやー」と祖母が泣きました。

# 第二章　原爆が落ちた

# 第三章　戦争が終わった

## 奈良で療養

落とされた爆弾が原子爆弾だったこと、九日には長崎*にも落とされたと聞きました。原子爆弾がどんな爆弾なのか、私には分かりませんでした。八月十五日に戦争が終わりましたが食べるものがなく、私は次第に元気がなくなり話もしなくなってきたようです。医師をしていた叔父が心配して来てくれました。そして私は奈良の親戚《しんせき》に預けられることになり、「元気になろうね」と送り出されました。母は祖母の世話があったので弟と広島に残りました。みんなと離れたくない、ひとりで奈良には行きたくないと言えませんでした。ただ涙が出て母にしがみついていました。母のおんば*が横浜から来てくれることになり、叔父の医院に勤めていた看護婦さん*もつきそってくれました。おんばは母が生まれてからずっと世話をしてくれた人です。とても優しい祖母に似た人でした。小さいトラックの荷台におんばと一緒に座りました。

＊長崎の原爆にはプルトニュウムが使われ、広島に落とされた原爆より威力が強かった。ファットマンと呼ばれた。
＊おんば（乳母）　うばと呼ばれることもある。母乳が出ない場合などに母親に代わって子育てをする女性。比較的恵まれた家庭で働いた。
＊看護婦　今は看護師という。

ウインウインウイン、ウインウインウインウイン・・・
運転手のおじさんが細い棒をトラックの前に突っ込んでぐるぐる回しました。
ブルブル、ブルブル、ブルブルーン
やっとエンジンがかかりました。広島から奈良までどれだけ長い時間がかかったのか分かりません。荷台に座っていたのでお尻が痛くなり、途中で何度もトラックを止めて休みました。道ばたで休んでいたら近くの木に黄色い大きな柿が実ってとても美味しそうでした。

また、ウインウインとエンジンがかけられ、しばらく走ると家が見えてきました。そこは寺のようで門を入るとフワフワした白い小山みたいなものが見えました。よく見ると鶏の羽でした。「ようきた、ようきた」おばさんがエプロンで手をふきながら迎えてくれました。土間に上がるとおじさんや子どもたちが待っていてくれました。お鍋から白い湯気がふわふわとあがっていました。「ルミちゃん、ぎょうさん*食べてな」とおばさんがご飯をよそってくれました。おんばが「広島では食べるものがほとんどなかったのでありがたいです。鶏のすき焼きですね。いただきます」と手を合わせました。私は突然、気分が悪くなって食べることができませんでした。原爆が落ちて逃げる途中で見た鶏たちを思い出したのかもしれません。「疲れすぎて、食べられんのやな」といって、おばさんがおかゆを作ってくれました。焼いたあられが入った香ばしいおかゆでした。少しだけ食べることが

# 第三章　戦争が終わった

できました。

「ルミちゃんはいくつになったんかな」とおじさんに聞かれても、私はだまったままでした。おんばが「五歳になったんですよ」とこたえてくれました。長い時間、車にゆられておしりの皮がむけてしまったので消毒をしてもらいました。消毒は痛くてヒリヒリし泣きながら眠ってしまいました。

＊ぎょうさん　主に関西地方で話される方言で「たくさん」の意味

## ヒルが吸いつく

奈良で暮らすうちに、次第に近所の子どもたちと話をするようになっていました。朝になると、「ルミちゃ〜ん、遊ぼう」と近所の子が誘ってくれて用水路や田んぼに入って魚取りをしました。田んぼに入って遊んでいると「ルミちゃん、ヒルや」と言われたので見ると左足に黒いものがくっついています。蛭《ひる》が吸いついていたのです。蛭を見たのは初めてです。近所の子が蛭をつまんでポイッと捨てると足からピューと血が噴き出しました。看護婦さんがあわてて飛んできて「だから、田んぼに入ったらだめと言ったのに」と怒られました。

なかなか血が止まらなかったので、看護婦さんが傷を強く押さえてやっと血が止まり、消毒して包帯を巻いてくれました。他の子どもたちは蛭に吸われてもすぐに治ったのですが、私は傷から膿《うみ》が出てきてなかなか治りませんでした。大人になってから、被爆した人は血が止まりにくく傷も治りにくかったと聞きました。川や田んぼには入れなくなりましたが、絵を描いたり鬼ごっこや縄飛《なわと》びをして遊びました。

時々、母が弟をおんぶして奈良に来てくれました。いつもお土産を持ってきてくれ、当時では珍しい二四色の色鉛筆や白い画用紙は近所の子どもたちがうらやましがりました。その色鉛筆でみんなと絵を描いて遊びました。母は帰る時はいつも「赤とんぼ」を歌ってくれました。私は歩きながらずっと母の手を握って泣いていました。

## 父の死と転校

父は台湾で結核になり日本に帰らないまま亡くなり、遺骨《いこつ》も帰ってきませんでした。父がつけてくれたルミという名前は当時では珍しいカタカナでした。大人になって調べると「ルミナリエ」という言葉に「光」の意味があると分かりました。父は私に明るい人間になってほしいと思ってつけてくれたのだと思います。父は文学青年で、京都帝国大学文学部*に入学しました。でも、文学部を卒業しても就職先がないという祖父の意見で経済学部に変わったそうです。

その後しばらくして横浜に帰りました。音楽大学を卒業していた母は歌や踊りなどをホールで教えるようになりました。親子三人の生活のためだったと思います。幼い弟が母のことを「こうちょ、せんせい」と呼んでいました。日本を占領したアメリカの軍隊は進駐軍《しんちゅうぐん》といわれ、その兵隊さんと一緒に踊るバーやキャバレーの女の人たちが習いに来ていました。しばらくすると住んでいた官舎は他の建物に建て替えられることになりました。私たちは住む家がなくなったので叔父が住んでいる京都へ引っ越すことになりました。

中学二年生の時、嵐山に近い上桂中学校へ転校しました。通学する道路は保津川《ほづがわ》下《くだ》りの船を運ぶトラックが走り、いつもホコリが舞い上がっていました。私はよく貧血を起こしフッと意識がなくなり歩いている途中で倒れることがありました。貧血も被爆と関係があったのかもしれません。毎朝、登校する前に近くの医院に寄ってから学校へ行くことが日課になっていました。病弱な私を心配した母が医師に頼んでいたようです。医師は瞼《まぶた》の裏をめくったり舌を診るだけでしたが、貧血が強い時は学校に行かないで家に帰されました。時々、医師が車で家まで送ってくれました。その車も棒を回してエンジンをかけていました。医師から「今日は学校はやめとこう」と言われても「はーい」といって医院を出ると学校へ向かったこともありました。転校生でしたがいじめられたことは一度もなかったので学校は大好きな場所でした。

学校に行くと机の下に大根や芋、柿が置いてくれていることがよくありました。

病弱だった私を思ってクラスの友達が持ってきてくれたのです。誰が何を持ってきてくれたのか分かりませんが、優しい友達がたくさんいました。私のあだ名は「鼻ペチャ観光バス」でした。担任の先生は「みんなの悪ふざけではないのよ」と説明してくれました。当時のバスは前が少し突き出て人間の鼻のように見えたのです。よくしゃべる私は観光バスのガイドさんみたいだからあだ名がついたそうです。私はユーモアのあるあだ名が気に入りました。

横浜の学校は京都より授業の内容が進んでいたので、先生にあてられてもすらすらと答えられました。でも体育は苦手で跳び箱は三段になると飛べませんでした。そのうち京都の生活に慣れ元気になってきたので校内マラソン大会に参加したことがあります。クラスの友達の声援で無事に完走できました。耐寒マラソンでは二〇〇人の中で五〇位に入ったことがありマラソンは大好きでした。

＊京都帝国大学　戦前からの呼び名で、現在の京都大学のこと。日本が戦前設置していた旧制高等教育機関。帝国とは天皇が支配する国のことをいう。

# 第三章　戦争が終わった

## 戦争がきらい

母は京都に来てから調理師と栄養士の資格をとって病院の調理室で働いていました。その母が病気になり勤めている病院に入院中の出来事でした。病院の近くに朝鮮半島出身の人たちが住んでいる地域がありました。ある日、母の隣のベッドに韓国人女性が入院してきました。その頃は病院食では足りなかったのか、私は母にお弁当を届けていました。翌日、その人にも持って行きました。手渡そうとしたら、その人が急に怒り出したのです。私はわけが分からないまま「ごめんなさい」「ごめんなさい」とあやまりました。はっきり聞きとれなかったのですが「お恵みなどいらない。そんなつもりで日本にいるのではない」ということだと分かりました。付き添っている娘さんがはっきりした日本語で伝えてくれました。

翌日、病院に行くと「昨日はごめんなさい」とあやまってくれました。「あなたは原爆にあっていたのですね。無事でよかった」と言ってくれました。母から聞くと、その人のご主人は日本軍の兵士として戦争に行って亡くなったそうです。でも、日本の国からは何の補償《ほしょう》もされないままだったので苦しい生活が続いていたそうです。「朝鮮人は日本の兵隊として死んでも何もしてもらえない」とつらい悔しい気持ちを母に訴えたというのです。生まれた国は違いますが、ふたりは付き添いの娘さんを通していろいろなことを話し合い母が被爆のことも話したそうです。

このようなことがあってから、母に「アメリカってきらい」と聞いたことがあります。母にも被爆や戦争で人生が変わってしまった悔しい気持ちがあるのではないか、どのような思いで生きてきたのか知りたかったのです。母は「アメリカがきらいとか、アメリカの人がいやなんじゃなくて、戦争がきらいなの」とはっきり言いました。戦争さえなければとの思いは母やその未亡人も同じでした。

# 第四章　記憶がもどる

## 被爆体験を聞く

私は二四歳で中学校の同級生と結婚し三人の子どもに恵まれました。夫と義父は原爆のことを知っていて、世界中から原爆はなくさないといけない、戦争をしてはいけないと考えていました。義母は原爆のことを詳しく知らないようでしたが、私の被爆のことは気にしていませんでした。

二〇〇三年八月、私は広島で開かれた原水爆禁止世界大会にはじめて参加しました。大会では大勢の被爆者から体験や原爆が落とされた時のことを詳しく聞きました。爆心地に近かった人たちは数千度という原爆の熱で身体が溶けてしまったこと、ひどい火傷を負った人たちは熱くてたまらず、水、水と言って川に飛び込んで亡くなったそうです。また、爆風で身体がバラバラに引きちぎられた人、投げ飛ばされ道路にたたきつけられて亡くなった人など身震いするほど惨《むご》い死に方をしていました。また建物疎開*に動員された子どもたちは、学校の校庭に集まっていた時に原爆が落とされ、一瞬で死んでしまいました。そして、親を亡くしてひとりだけ生き残った人、差別や偏見の中で身を縮め隠れて生きてきた人など、その後の人生も生き地獄のように残酷でした。ひとりひとりの体験を聞きながら涙が出て仕方がありませんでした。

＊建物疎開　空襲によって火事が広がらないように建物を取り壊すこと。児童生徒がかり出されることが多かった。

## 河原で見たもの

原爆が落ちた時のことを思い出したのは八月六日、大会が終わった日の夕方でした。原爆ドーム前の元安川《もとやすがわ》で灯籠《とうろう》を流していた時です。突然、原爆が落ちて逃げて行った河原の情景が浮かんできたのです。河原では積み上げられた木の上にタイヤのチューブのように膨《ふく》らんだものが見えました。それは人間の体だったのです。原爆で亡くなったたくさんの人たちが燃やされていたのです。匂いまで鮮明に蘇《よみがえ》ってきました。卵が腐ったような、髪の毛が焼けたようなとても嫌な臭いでした。どのように表現していいのか分かりませんが、今も鼻先に残っています。原爆が落とされてから五八年も経って記憶が戻るなんて思ってもみませんでした。五歳の時には受けとめることができなかったのだと思います。

広島の灯籠《とうろう》流しは原爆で亡くなった被爆者の供養《くよう》をしています。無残に亡くなった人達が私に思い出させてくれたのかもしれません。また大会で泣きながら

話してくれた被爆者からつらい体験を聞いたことがきっかけになったのかもしれません。広島から戻っても次々と当時を思い出し、その度に冷や汗が出て震えが止まりませんでした。次第に夜も眠れなくなって来ました。苦しそうな私を心配した夫が思い出したことを書くようにすすめてくれました。

少しずつ書きはじめると焼け焦げた鶏、ネコや犬、ジクジク燃えていた人形、次から次に浮かんできました。原爆が落とされる前の横浜での生活、奈良へ行ったことなどいろいろなことが蘇《よみがえ》ってきました。新聞広告やチラシの裏などに泣きながら書き続けました。次第に体が重くなり寝込んでしまいました。しばらくして、広島の大会に参加したことを報告する日がきました。頑張って話そうと思いましたが、途中で声が出なくなってしまいました。会場で聞いていてくれていた人たちも泣きだしました。

## 差別や不安

被爆者が多かった広島でも差別や偏見は強かったようです。原爆でやけどをした後がケロイド*になって顔の皮膚が引きつっている人は「オバケ」と言われたり、電車に乗ったら「原爆がうつる」と言って周りからサーッと人がいなくなったり、とてもつらい思いをした人が大勢いたそうです。被爆者は疲れやすく原爆ブラブラ病という慢性の原爆症が現れた人もいました。その頃は疲れやすい原因が分からなかったので「被爆者はぶらぶらして怠けている」と言われ仕事をやめさせられたり、結婚ができなかったり離婚した人もいました。でも、私は子ども時代も大人になってからも被爆したことでいじめや差別を受けたことはありませんでした。奈良でも京都に来てからも、クラスメートや地域の人達の優しさに包まれて生活することができました。

ただ結婚していた娘が、子どもが熱を出したり病気をするたびに、お姑《しゅうとめ》さんから「お母さんが被爆しているから」ときつく当たられ心を病みました。悩んだ娘はしばらくして離婚しましたが、娘は子どもを育てることができませんでした。私はつらい思いをしたことはありませんが、娘と孫に悲しい思いをさせてしまいました。

また、不安になったことがあります。被爆した時、頭にタンスの金具が突き刺さってケガをしたところは治りが悪く、大人になってもも押すとボコボコしていました。それが子どもを産んだ頃、次第に良くなってきました。ある日、「少しずつよくなったように思います」と医師に伝えたところ、思いがけない言葉がかえってきました。「悪い血が子どもに行ったんやろう」というのです。「悪い血」とはどういうことか、被爆したことで子どもに何か悪い影響があるのか心配になってきました。図書館に行っていろいろ調べましたが医学的な影響は分かりませんでした。分からないと余計に不安になりました。

＊ケロイド　原爆が爆発した時の強い熱で皮膚や体に火傷を負い、

その傷跡が分厚くなったり、ひきつったり、くっついたりした。日常生活に大きな支障があった。手の指がくっついたままの人は手術によって改善した人もいたが、今のように皮膚移植などができず治らないままの人が多かった。

# 第五章　知らなかった

## たくさんの疑問

　子どもの頃から、母や家族は私が被爆した時のことを無理に思い出さないように守ってくれていたのだと思います。それで、自分が思い出したことしか知らなかったのです。大人になってから医学的なことだけでなくいろいろなことに疑問を持つようになりました。横浜の官舎のホールで父が軍人と話していたこと、そしてたくさん食べ物や飲み物があったことも不思議でした。戦争中はどこの家庭も食料不足だったからです。食料は配給制で生活するために必要な米や味噌などは家族の人数分を割り当てられていたのです。でも家族全員が生活するのには足りず、米のご飯が一日に一度食べられるかどうか分からない状況でした。直接、農家にでかけて着物と米を交換してもらう人やヤミ市*で政府に隠れて買ったりする人も多かったそうです。食料を買うお金がない人達はひもじい思いをして栄養失調になり痩《や》せ細っていました。中には餓死する人たちもいました。国民が飢えているのに、戦地では餓死した兵隊さんが大勢いたのに、なぜごちそうを食べていた軍人がいたのだろうと思いました。

＊ヤミ市　戦後の混乱期は配給以外に食料を得ることは違法だった。食糧不足から餓死者も出る社会状況があり生きるために利用された露天市場。

## 原爆の威力《いりょく》

その後も疑問に思うことだけでなく、原爆や被爆者のことも調べました。ここに分かったことを書いておきます。原爆は瞬間的に数百万度もの高温の火の玉を作り落ちてきたのです。爆心地付近は数千度、太陽のような熱さ、そこに爆風が襲ってきました。爆風で建物が吹き飛び、燃え落ち、焼け死んだ人や放射能の影響で大勢の人々が亡くなりました。被爆した人は広島で約四二万人、死亡は約一四万人、長崎では約二七万人が被爆し約七万人が死亡したといわれています。これは終戦の年の一二月末までに死亡した人たちで、それ以後の死者は入っていません。*また中国大陸や朝鮮半島から強制的に日本に連行され被爆した人や死亡した人達がいます。詳しくは分かっていませんが、広島と長崎で数万人が亡くなったといわれています。

## 被爆者のことは秘密

当時、大勢の医師や看護婦が死亡しました。生き残った人たちは薬もない中で被爆者を治療し看護をしてくれました。でも被爆者のことは占領軍*によって重大な秘密にされ、被爆者を治療することは許されていなかったのです。東京帝国大学医学部*の都築正男医師は有効な薬がない中でいろいろな方法を考えて治療していましたが大学を辞めさせられました。放射能の医学的な影響は、私の調べ方が悪かったのではなくアメリカや日本の国が隠していたのです。私だけでなく多くの人たちは原爆の被害について知ることはできませんでした。戦争の状況や被爆者のことは秘密にされていたからです。事実を知り自分で考えることの大切さが身にしみて分かりました。今の時代も、大事な情報が国民に知らされていなかったり隠されていたり、同じような状況があるので事実を知ることの大切さを痛感しました。

＊死者の数　役場などの行政機関が壊滅したので正確な死者数は分かっていない。日本の植民地であった朝鮮半島や中国大陸から強制的に連行され働いていた人たちも被爆したが正確な死者数は不明。

＊占領軍　第二次大戦で戦った連合国の司令部。ＧＨＱとか進駐軍と呼ばれていた。総司令官はアメリカ軍のダグラス・マッカーサー。

＊東京帝国大学　現在の東京大学。

## ＡＢＣＣの調査

一九四七年、原爆の影響を調べるアメリカの研究所（ＡＢＣＣ）*ができて被爆者の調査を始めました。私は奈良で療養し横浜に帰ったので調べられたことはありませんが、ＡＢＣＣの車が被爆者を家まで送迎しさまざまな検査が行われました。妊娠している女性は子宮の細胞を調べられ、若い男性は精子の検査が行われたそうです。検査結果は全く知らされず悪いところがあっても治療は受けられませんでした。

アメリカが行った調査は、原爆が落ちた後に兵士がどのくらい早くその場を離れる必要があるのか、どの位の期間で回復するのかなど、放射能の急性症状の影響を知るためだったのです。ＡＢＣＣのウイルアム・シャル博士は「被爆者はサンプルで、まとまった貴重なデータが得られる」と発言していました。被爆者の調査は今後の核戦争を想定していたのです。軍人の被害を最小限に抑えるためであり、被爆者はそのサンプルとされたのです。* 人間の命を軽んじたなんとひどい事が行われたのでしょう。

＊ＡＢＣＣ（Atomic Bomb Casualty Commission）原子爆弾傷害調査委員会）アメリカが放射能の影響を調べる目的で設置した。一九七五年、日本とアメリカ共同の放射能影響研究所となった。
＊二〇〇七年八月六日、ＮＨＫ広島放送局、「空白の十年」

## 被爆者は放ったらかし

戦後しばらくは医療保険制度が整っていなかったので、医療費は実費で支払うしかなく、医療を受けることができない国民が大勢いました。ケガや火傷の後遺症、さまざまな病気で苦しんでいた被爆者も病院に行くことはできませんでした。医者に行っても原因不明として扱われ、適切な治療は受けられませんでした。顔や眼に火傷した人は、瞼《まぶた》がケロイドで引きつってまばたきができないので、眠っていても目は開いたままだったそうです。眼が乾いて視力が落ちていましたが、つける薬もなく手術も受けることができませんでした。薬草などを煎じて塗ったり野菜の汁を飲んでいました。少しでも治りたいと思い必死でいろいろなことを試したそうです。薬を買うお金もない中、病気が悪くなって亡くなる人や自殺する人も多かったそうです。身体の傷だけでなく心にも深い傷を負って生きる意欲をなくしてしまったのです。

## つぐなってほしい

現在に至るまで、被爆者だけでなく空襲などで被害を受けた人たちへの補償はされていません。補償というのは、迷惑をかけたことを「悪かった」とあやまり損害を賠償《ばいしょう》し「つぐなう」ことです。戦争が終わってすぐ補償の法律ができたのは軍人とその関係者だけです。戦争犯罪となった軍人の遺族にも恩給という補償がされました。戦争で亡くなった兵士や遺族に補償することは当然だと思います。

でも、被爆者や一般の国民に補償がされないのは理不尽《りふじん》です。被爆者はお金が欲しいのではなく被害を「つぐなって」ほしいのです。なぜ被爆者や空襲被害者など戦争の被害者がつぐなわれないのか、それは「国の非常事態である戦争では皆が被害を受けたのだから被害を受けても我慢しなければならない」という国の考え方によるものです。この考え方は今も同じで、もし現代に戦争が起きても国民への補償はされません。

# 第六章　平和に向かって

## ビキニ水爆実験

被爆者のことが秘密にされ国民が原爆被害に関心を持たなかった中で、日本の人達が核兵器のことを身近に感じたのがビキニ水爆実験でした。一九五四年三月一日、アメリカが太平洋のビキニ環礁《かんしょう》で行った実験です。日本のマグロ漁船が被曝《ひばく》*し船員やマグロが放射能で汚染されました。放射能を含んだ爆発物が爆風で砕けた珊瑚礁《さんごしょう》と混じり「白い灰」となって海上や船上にいた船員に降りかかったのです。第五福竜丸*の無線長だった久保山愛吉さんは放射能症状が出て帰港後半年で亡くなりました。

当時、水爆実験の近くでは一千以上の日本の漁船が操業していました。船員の人達は若くして癌などを発症し死亡した人や健康を害した人たちが大勢いたのです。高知県の高校生平和ゼミナールに集う高校生たちは何十年も調査し船員の健康被害を明らかにしてきました。二〇一六年、高齢になった船員の人達は病気の原因は水爆実験の放射能の影響だと損害を求めて裁判を起こしました。しかし、残念なことに敗訴になり補償がされないままです。日本の船員だけでなく、マーシャル諸島の人々や実験に関わったアメリカ軍兵士も健康被害を受けています。*

＊被曝　放射能に曝（さら）され放射線を浴びること。爆発の場合は、「被爆」と書く。
＊第五福竜丸は東京夢の島公園内に展示されている。
＊太平洋核被災者センター資料

## 語り始めた被爆者

ビキニ水爆実験の後、日本全国で原水爆禁止運動が起こります。最初にお母さんたちが立ち上がりました。「家族にヒバクしたマグロを食べさせられない」「核実験は禁止しよう」と声を上げました。そして日本各地で次々に大勢の人たちが声を上げ、一九五五年、第一回原水爆禁止世界大会が初めて広島で開催されました。この時、全国から集まった人達に励まされて次々に被爆者が体験や思いを発言しました。そして一九五七年、戦後一二年も経ってやっと被爆者が要求した医療費の助成が少しされるようになりました。

その間、被爆者は放ったらかしで「空白の十年」といわれました。被爆者は本当にむごい扱いを受けてきました。しかし、制度ができても被爆者手帳を持っていない人は助成を受けられません。私は被爆した人が被爆者手帳を持っているのは当たり前と思っていましたが、被爆していることが証明されないともらいにくいのです。ひとりだけ生き残って、誰も証明してくれる人がいない人、差別や偏見に苦しんだ人や思い出すのがつらいので申請しない人たちがいます。また、黒い雨*にあった人たちも被爆者として認められていません。今も被爆者手帳を持っていない人たちは大勢います。その被爆者手帳の制度も被爆者が粘り強く国に求めて実現しました。その後も長く救済されていない被爆者がいました。母親が妊娠早期に近距離で大量の放射能を浴びた原爆小頭症患者で、頭位が小さく知能や身体に障害があります。多くが母と子で苦しい生活を送ってきました。一九六七年、被爆者やジャーナリスト、市民の運動によってやっと救済するための法律が出来ました。

*黒い雨　原爆投下で噴き上げられた土や塵（ちり）が重油のような黒い雨となって降った。放射能がたくさん含まれていたので、黒い雨にぬれたり畑の野菜などを食べて被爆した人たちが大勢いる。黒い雨は広範囲に降ったが一部の地域の人にだけ健康診断が認められている。被爆者として認めるよう裁判が続いている。

## 証言活動をはじめる

私は被爆した時、身体が小さかったので地面に近い所を見ていました。犬や猫、鶏などの動物たち、人形などのオモチャが燃えていました。子どもの目線で被爆体験を話せると思い小学校や幼稚園などで証言するようになりました。子どもたちは身近に感じてくれたのか静かに聞いてくれました。

被爆体験を話すことはつらいけれど証言を続けて行こうと思い、地域の集まりや大学などでも話すようになりました。ただ、「五八年もたって思い出すなんて」信じがたいと言われたことがありました。また「あの時代に幼稚園はあったのですか」と質問されたこともあります。その時、はっきり答えられなかったので広島まで行って調べました。図書館に行ったり近所の人に聞くと、幼稚園はあったことが分かりました。なぜ長い間、被爆した時のことを思い出さなかったのかは分かりません。でも医師から「そういうこともある」と言われました。

二〇〇五年にはＮＰＴ再検討会議*が開かれたニューヨークへ行きました。この会議は、国際連合が五年ごとに開催し核兵器を減らすこと、いつまでになくすのかについて話し合います。私は被爆者団体の一員として行くことになりました。その時、板金業を営む隣人が板金の「折り鶴」を作ってくれました。初めての海外行きは不安でしたが、その「折り鶴」が背中を押してくれました。そして核兵器をなくす声を届けようとアナン国連事務総長夫妻にその「折り鶴」をプレゼントしました。また、ダガーディア・ハイスクールという芸術系の高校で証言しました。被爆体験を話し終えた時、ひとりの女子高校生が近づいてきました。祖父がマンハッタン計画*に参加していたというのです。そして「自分のおじいさんがこんなひどいことをしたなんて信じたくない」と言って泣き出しました。私も彼女を抱きしめながら涙が出て仕方がありませんでした。

二回目は二〇一〇年、その時は紙芝居『おばあちゃんの人形』*を持って行きました。京都の大学生が私の体験を紙芝居にしてくれたのです。ニューヨークの路上で、友人が英語で紙芝居を上演してくれました。上演を終えた時、ひとりの高校生から「ぼくの高校へ来て話してください」と声をかけられました。突然で驚きましたがうれしくてすぐ承諾《しょうだく》しました。高校生は校長にメールで了解をもらって訪問が実現しました。その高校はエレノア・ルーズベルト・ハイスクールといって、人権問題に熱心に取り組んだルーズベルト大統領の夫人が開校した学校でした。まず最初に、真珠湾攻撃について謝りました。アメリカの多くの人が日本に原爆が落とされたのは、真珠湾攻撃をしたからだと聞いていたからです。でも、ある高校生が「子どもだったあなたは謝らなくていい。五歳の子どもには何の責任もない」と言ってくれました。アメリカの若い人がこのように考えてくれていることに感激しました。また会場の入り口でずっと立って聞いていた男性教員は中国系アメリカ人の方でした。「日本人だけが被害者じゃない」と言われました。

＊ＮＰＴ（核不拡散条約）再検討会議　一九七〇年に発足。(Treaty on the Non-Proliferation of Nuclear Weapons)

＊マンハッタン計画　第二次世界大戦の時にアメリカが中心となり原子爆弾の開発や製造を行ってきた計画。

＊紙芝居　佛教大学の学生が制作、二〇〇九年の長崎平和紙芝居コンクールで最優秀賞を受賞。

## 核兵器をなくそう

戦後、原水爆禁止をめざす運動は被爆者と一緒に長く続けられてきています。被爆者は世界のどこにも核兵器による被害者を生み出してはいけないと証言を続けています。被爆者は高齢になっていますが世界の若者達の平和を求める運動に希望を持っています。二〇一七年七月、国際連合が核兵器禁止条約に向けて取り組む事を決めました。働きかけたのは核戦争防止国際医師会議から独立したＩＣＡＮ＊（核兵器廃絶国際キャンペーン）の若者たちです。広島・長崎の被爆者とともに平和活動をすすめ、二〇一七年にノーベル平和賞を受賞しました

そして二〇二一年一月二二日に「核兵器禁止条約」が発効されました。核兵器の保有や開発・使用が非人道的で違法であると認められたのです。被爆者をはじめ世界中の平和を求める人たちの力で実現できたと思います。原爆を保持し開発している国々は政策を転換すべきです。大きく歴史が動きましたが日本政府は条

約に不参加なまま、とても残念です。
長崎の高校生たちは核兵器廃絶のために「微力だけど、無力じゃない」と活動しています。* 被爆者は世界中の平和を求める若者や平和を愛する人たちに励まされています。

**核兵器をなくし戦争のない世界を　！**
**これが私たちの願いです。**
**生きている限り証言を続けます。**

＊ＩＣＡＮ（核兵器廃絶国際キャンペーン）
(International Campaign to Abolish Nuclear Weapons)
＊長崎では一九九八年から毎年高校生平和大使が国連を訪問し核兵器廃絶と平和な世界の実現を訴えている。「微力でも無力じゃない」をスローガンに国内外に活動を広げている。

【語り・絵・編集】

語り　花垣ルミ　五歳の時に広島市三篠本町（1.7 キロメートル）で被爆。現在、京都原水爆被災者懇談会の代表。

絵　鶴岡たか　生後四ヶ月の時に広島市牛田町丹土区（2.3 キロメートル）で被爆。「ギャラリー牛田」を主宰。

編集　黒岩晴子　（元）佛教大学社会福祉学部教員。医療機関で被爆者相談に関わり大学で学生と一緒に原爆展を開催。

**五八年後の原爆　少女が見たあの日の河原**

2021 年 8 月 6 日　初版第 1 刷発行
2021 年 10 月 1 日　初版第 2 刷発行

語り　花垣ルミ
絵　鶴岡たか
編集　黒岩晴子
発行者　坂手崇保
発行所　日本機関紙出版センター
〒 553-0006　大阪市福島区吉野 3-2-35
TEL 06-6465-1254　FAX 06-6465-1255
本文組版　Third
印刷製本　オフィス泰
Printed in Japan
ISBN978-4-88900-997-2

万が一、落丁、乱丁本がありましたら、小社あてにお送りください。送料小社負担にてお取り替えいたします。